Todo lo que necesitas saber sobre

Pandillas

A todo lo largo y ancho de Norteamérica pueden encontrarse evidencias de pandillas callejeras.

Todo lo que necesitas saber sobre *Pandillas*

Evan Stark, Ph.D.

Traducción al español
Mauricio Velázquez de León

The Rosen Publishing Group's
Editorial Buenas Letras™
New York

Published in 1992, 1995, 2000, 2003 by The Rosen Publishing Group, Inc.
29 East 21st Street, New York, NY 10010

First Edition in Spanish 2003
Revised English Edition 2000

Cataloging Data

Stark, Evan
  Todo lo que necesitas saber sobre pandillas / Evan Stark ; traducción al español Mauricio Velázquez de León.
      p. cm. -- (Todo lo que necesitas saber)
  Includes bibliographical references and index.
  Summary: Examines the phenomenon of street gangs, the reasons people join them, the danger they can hold, and ways of avoiding getting involved with them.
  ISBN 0-8239-3584-1
  1. Gangs—United States—Juvenile literature. 2. Gangs.
3. Spanish Language Materials. I. Title. II. Series.
  364.1'06'60973—dc20

Manufactured in the United States of America

Contenido

Introducción

Las pandillas han existido a través del tiempo y alrededor del mundo. De acuerdo a un estudio del Centro Nacional de Pandillas Juveniles (NYGC, por sus siglas en inglés), en 1999 existían en los Estados Unidos 26,000 pandillas con 840,500 miembros aproximadamente. Aunque la mayoría proviene de zonas pobres en el centro de las ciudades, también hay pandillas en áreas adineradas, en los suburbios y en poblaciones rurales.

Las pandillas ofrecen a sus miembros seguridad en forma de dinero y amistad a cambio de lealtad y trabajo. Este puede ser desde venta de drogas o robo de autos, hasta cometer asesinatos. Se estima que entre octubre de 1997 y abril de 1999, se cometieron en los EE. UU. 4,251 homicidios relacionados con pandillas. Aquel año, 51 por ciento de las pandillas estaban involucradas en la venta de drogas con el propósito de

Los Hell's Angels, o Ángeles del Infierno son una de las pandillas más grandes y poderosas del mundo.

generar ganancias. Aunque el número de pandillas disminuyó 9 por ciento desde 1998, el número de miembros aumento en 8 por ciento entre 1998 y 1999.

Unirte a una pandilla puede parecer la solución a tus problemas. Ganar dinero fácil y ser parte de esta familia podrían parecer razones tentadoras. Sin embargo, es posible que termines dando más de lo que recibes. Las pandillas exigen tu lealtad y esperan que sigas sus órdenes. A cambio de su protección, la pandilla puede pedirte que cometas actos ilegales y crímenes violentos. Si no obedeces sus órdenes, serás castigado físicamente, y posiblemente, asesinado.

Si te unes a una pandilla podrías estar renunciando a tu familia, tus amigos, tu futuro y tu vida. Como nuevo miembro, comenzarás en el rango más bajo de la pandilla, lo que significa que podrías meterte en serios problemas sin recibir la recompensa esperada. Además las leyes castigan de forma muy severa los crímenes relacionados con pandillas.

La decisión de unirte o no unirte a una pandilla tiene efectos de largo alcance en tu futuro. Por eso es muy importante conocer los hechos antes de tomar una decisión que podría cambiar tu vida por completo. Este libro contestará tus preguntas y te dirá lo que en realidad sucede en la vida de las pandillas.

Capítulo 1

La historia de Tomás

Tomás tiene dieciséis años y en su casa no era muy feliz. Desde que su papá se fue de casa, la mamá de Tomás mantiene a la familia. Como su mamá tiene que trabajar muchas horas, con frecuencia dejaba a Tomás el cuidado de su hermana pequeña. Esto irritaba a Tomás que quería pasar el tiempo jugando con sus amigos, y no haciendo de nana o trabajando en los quehaceres del hogar.

Además, Tomás estaba enojado con algunos chicos de la escuela. Deseaba tener algunas cosas que ellos tenían, como dinero y ropa. Comparado con ellos, se sentía pobre y excluido. Además le enfurecía que se burlaran de su apariencia.

—Ya se las verán conmigo algún día —decía Tomás—. Entonces aprenderán a respetarme.

Días más tarde, cansado de las burlas, Tomás no fue a la escuela. Estaba harto de sus compañeros y de su vida sin sentido. ¡Quería escapar! Caminó sin rumbo fijo por las calles y luego se detuvo en una esquina pensando que podía hacer.

En aquel momento un brillante automóvil deportivo se detuvo a su lado.

—Oye —dijo el hombre al volante, —acércate, quiero hablar contigo—. Tomás dudó qué hacer, y creyendo que se trataba de un oficial de la escuela comenzó a alejarse.

—No te preocupes —dijo el extraño del automóvil—. No soy policía.

Tomás se detuvo, y tras un momento se acercó al auto donde pudo ver con detenimiento que se trataba de un hombre mayor.

—Conque faltando a clases, ¿eh? —preguntó el hombre tras sus lentes oscuros.

—Quizás —respondió Tomás—. ¿Qué se te ofrece?

El hombre salió del automóvil y se presentó con el nombre de Rick. Se trataba de un tipo apuesto que vestía ropa muy cara. Tenía un celular en la mano y un buscapersonas en el cinturón.

—¿Necesitas dinero? —le preguntó mientras lo miraba de arriba a abajo. Tomás estaba sorprendido de que un extraño le ofreciera dinero, y no pudo entender por qué Rick hacía esto.

Muchas pandillas están relacionadas en alguna actividad ilegal, generalmente vendiendo drogas.

—Toma —dijo Rick. Sacó un fajo de billetes y le dio sesenta dólares a Tomás. —Un regalo adelantado de Navidad—.

Más tarde, le compró algo de comer en el centro comercial. Rick le preguntó a Tomás toda clase de cosas acerca de sí mismo, su familia, sus amigos y la escuela. Tomás se sentía cómodo hablando con él porque, a diferencia de su familia y de los chicos de la escuela, Rick lo entendía.

Cuando salieron del centro comercial, Rick le dijo, —Mira chico, yo hice algo por ti, y ahora tú harás algo por mi ¿de acuerdo?—.

Tomás asintió con la cabeza.

Rick señaló una calle cerca del centro comercial. —Ve a aquella esquina y cuando un auto se detenga frente a ti dale esto —dijo al darle un sobre a Tomás un sobre—. Vuelve aquí mañana a las cuatro y veremos qué podemos hacer por ti.

Tomás esperó en la esquina durante una hora hasta que un auto se detuvo frente a él. Un chico salió del auto, tomó el sobre, regresó al volante y se alejó del lugar.

Por primera vez en mucho tiempo, Tomás regresó feliz a casa pensando qué compraría con ese dinero. Al día siguiente regresó al centro comercial y se encontró a Rick con otros tres chicos de su edad. Los chicos lo saludaron como si fuera uno de ellos. Todos tenían en su antebrazo un tatuaje con una calavera y la inscripción "*Legion of Doom*" (*La Legión de la Muerte*).

—*Te propongo algo* —dijo Rick. Únete a la pandilla. Ganarás mucho dinero con trabajos fáciles, harás ciertas cosas por nosotros y, a cambio, nosotros cuidaremos de ti.

Los otros chicos le hablaban de las ventajas de pertenecer a la Legión de la Muerte. Si se decidía, tendría su propio buscapersonas y se encargaría de una esquina en la calle. Si necesitase dinero o algún favor, su necesidad se cumpliría de inmediato. Tendría un trabajo y no tendría que regresar a la escuela. Tomás se imaginó su futuro, llevando dinero a casa para su mamá y su hermana, e incluso, comprando un automóvil.

Rick puso una pistola en manos de Tomás.

—*Esto podría ser tuyo,* —dijo. Te hace sentir poderoso, ¿no es así? Es una gran oportunidad: dinero, amigos, ¿qué más podrías pedir?.

Al tomar la pistola entre sus manos, Tomás comenzó a pensar más detenidamente la situación. ¿Habría mucho peligro? De no ser así, ¿para qué necesitaría un arma? Luego pensó en el dinero y en sus nuevos amigos. Todo parecía demasiado atractivo.

Capítulo 2

Información sobre pandillas

Año tras año, miles de jóvenes enfrentan la misma decisión de Tomás. Mientras más informado te encuentres, mejor podrás enfrentar el problema.

La organización de pandillas

Como se mencionó anteriormente, se estima que existen 780,000 pandilleros juveniles tan sólo en los Estados Unidos. Usualmente, aunque no siempre, los miembros de estas pandillas provienen de las áreas más pobres de las ciudades.

Frecuentemente las pandillas o bandas, se forman por motivos étnicos o raciales. Hay toda clase de razones para su formación, desde solidaridad cultural hasta tráfico de drogas. Todas tienen en común el reclamo de un territorio. Éste puede ser una manzana, un barrio o una zona entera de la ciudad. Sus miembros utilizan los colores de la pandilla o un tipo particular de ropa. Cada banda tiene un líder y con frecuencia otros oficiales.

Existen cientos de pandillas y pueden encontrarse en cerca de 200 ciudades de los Estados Unidos. Algunas son pequeñas e informales y pasean en una sola calle. Aunque hacen de esa calle su hogar, pueden reclutar miembros y pequeños grupos de toda la ciudad.

Las bandas involucradas con drogas son diferentes a otros tipos de pandillas. Se les llama *posses* (fuerzas armadas, pelotones) y son mucho más organizadas y peligrosas. Son responsables de la distribución de drogas ilegales como marijuana y cocaína. Esto significa vender las drogas, cargar grandes cantidades de efectivo y proteger al traficante de la policía y de otras bandas rivales.

Generalmente las *posses* son controladas por un adulto a quien la mayoría de los miembros de la pandilla nunca conocen. Se forman únicamente con el propósito de hacer dinero. Los riesgos se corren, no por aventura, sino para obtener ganancias. Éstas son las pandillas más peligrosas.

Algunas bandas tienen miles de miembros y distintos capítulos en ciudades a lo largo de los Estados Unidos, y algunas incluso tienen sucursales en prisión. Las más famosas alianzas son los *Crips* y los *Bloods*, dos pandillas rivales que comenzaron en Los Ángeles.

Las pandillas pueden parecer atractivas para jóvenes que se sienten marginados y que buscan un sentido de pertenencia.

La vida en la pandilla

Se le llama pandilla a cualquier grupo con un nombre y un territorio que defender. Estos grupos pueden marcar su territorio con graffitis en las calles o los muros de los edificios. También se les conoce como bandas.

Muchas pandillas tienen emblemas o chaquetas especiales. Algunas usan paliacates o pañuelos de un color específico en la cabeza o en el bolsillo trasero del pantalón.

Los líderes pueden ser llamados jefes, *chiefs*, honchos o generales.

Uno de los atractivos de las pandillas es la lealtad que existe entre sus miembros. En ocasiones pareciera que valoran más a los miembros de su pandilla que a sí mismos. Las pandillas o bandas parecen ofrecer un grupo instantáneo de amigos. El lado negativo de esta lealtad, es que no puedes tener amigos fuera de la banda. Todo tu tiempo lo pasas con la pandilla y tendrás que hacer cualquier cosa que te pida el líder. Tu libertad se pierde cuando ingresas a una pandilla.

A diferencia de lo que se cree, la vida en una pandilla puede resultar muy aburrida. Sus integrantes pasan la mayor parte del tiempo esperando a que algo suceda. Cuando finalmente algo sucede, es por un espacio muy breve, y la espera vuelve a iniciarse.

Para afiliarte a una pandilla debes demostrar que eres digno mediante un proceso de iniciación. En algunas pandillas la iniciación significa involucrarte en alguna clase de crimen. En otras, sus nuevos miembros deben "caminar la línea," lo que significa que deberán caminar por una fila de pandilleros en la que cada uno de éstos golpea al iniciado. En ocasiones se le dice al nuevo miembro que será atacado sin aviso por integrantes de la pandilla y que no deberá oponer resistencia. Generalmente las iniciaciones resultan brutales.

Brian Watkins de Salt Lake City, visitó Nueva York en 1992. Brian murió al ser atacado en el subterráneo. Su asesino fue atrapado de inmediato y le explicó a la policía que tenía que atracar a un turista como parte de su rito de iniciación en los *Dukes*, una pandilla local.

Con frecuencia los pandilleros prefieren socializar únicamente con otros miembros de su banda.

Violencia en las pandillas

Las pandillas se establecieron originalmente para proteger a la comunidad en la que vivían. Protegían celosamente su territorio y, temiendo peligro, no permitían que los miembros de otras comunidades o pandillas entraran en su vecindario. Los conflictos sobre territorio y superioridad pueden ocasionar la muerte entre pandillas rivales, lo mismo que entrar en un territorio rival. El homicidio de un miembro provoca un asesinato de venganza, que provoca otro asesinato como represalia, y así sucesivamente.

La violencia suele formar parte de la vida en pandilla; el 90 por ciento de los pandilleros han admitido portar armas de fuego, y 40 por ciento afirman haber participado en tiroteos desde automóviles. A nivel nacional, 49 por ciento de los homicidios y 47 por ciento de la venta de drogas están relacionados con actividades de pandillas.

Esta violencia no se limita a pandillas enemigas. Muchas víctimas de la violencia entre bandas son observadores o curiosos. Esto se debe a que las pandillas suelen distribuir armas entre sus miembros sin darles entrenamiento. Como resultado, los pandilleros no atinan a la víctima y terminan hiriendo, y en ocasiones matando, a personas inocentes.

Los compañeros de una misma pandilla también pueden ser víctimas de esta violencia. Pueden ser castigados por no cumplir con una tarea, o por no obedecer ciertas órdenes.

La mayoría de los pandilleros tienen entre 15 y 20 años de edad, y sólo el 13 por ciento tiene más de 24 años. ¿Por qué? Porque muchos miembros terminan muertos o en prisión.

Unirte a una pandilla puede parecer la respuesta a tus problemas, pero al final, las pandillas suelen crear más problemas de los que solucionan. Eventualmente podrían llevarte a un futuro miserable, o acabar con tu futuro por completo.

Capítulo 3

Preguntas y respuestas sobre la vida en pandilla

Como recordarás en el capítulo uno, Tomás tenía que decidir si ingresaría a La legión de la Muerte. Estaba indeciso entre ingresar a una nueva familia o permanecer con la vida que tenía hasta entonces. Cuando se está considerando unirse a una pandilla surgen diferentes preguntas acerca de sus ventajas y desventajas. Aquí te presentamos algunas de estas preguntas y sus respuestas.

¿Puedo ingresar a una pandilla y conservar a mis amigos?

Cuando te unes a una pandilla, tu primera y única lealtad es con la pandilla. Tu familia y otras amistades dejan de ser importantes.

Jorge y Drake fueron vecinos y muy buenos amigos desde primer grado, hasta que Drake se cambió a un nuevo vecindario el primer año de secundaria. Desde entonces se veían cada vez menos, y empezaron a llevarse con otros chicos.

Un día Jorge regresaba a su casa caminando, cuando a cierta distancia de él un auto se estacionó frente a un chico recostado en una cerca. De pronto, tres pandilleros salieron del auto y atacaron al chico. Uno de ellos era Drake, que miró a Jorge sin prestarle mucha atención. Jorge no sabía qué hacer. Estaba impresionado de ver que su amigo pertenecía a una pandilla y de cómo golpeaba al chico. Al terminar la golpiza, los tres pandilleros subieron al automóvil y se alejaron de prisa.

Jorge no podía creer que Drake tuviera que ver con algo así. Además, el chico había sido golpeado de forma tan brutal, que Jorge sentía que debía hacer algo para ayudarlo. Entonces llamó a la policía e identificó el auto y a los pandilleros.

Dos semanas más tarde al salir de la escuela, Jorge fue atacado por detrás. Fue golpeado y fuertemente herido, le rompieron la nariz y la mandíbula. Cuando cayó al suelo, Jorge pudo ver que Drake estaba ahí de pie observándolo.

Pertenecer a una pandilla puede parecer una forma emocionante de vivir al límite. Esto te puede ocasionar problemas con la ley y poner tu vida en peligro.

La lealtad es un valor muy importante entre los jóvenes. Por eso, les preocupa que los demás sean leales con ellos. La lealtad es uno de los grandes atractivos en una pandilla. Si perteneces a una pandilla y alguien resulta lastimado, debes vengarlo. No importa si crees que tu pandilla está equivocada. No puedes estar en desacuerdo. Debes hacer lo que la pandilla te ordene. Éste es el precio que debes pagar por ser miembro de una pandilla; ya no serás libre de tomar tus decisiones.

Pero esta lealtad tiene un precio. Significa que no puedes decidir por ti mismo entre lo que está bien y lo que está mal. No puedes discrepar con la pandilla. Como resultado, la lealtad a la pandilla generalmente significa que tendrás que dejar a tus otros amigos.

¿Por qué no puedo renunciar a la pandilla?

Muchos chicos piensan que pueden unirse a una pandilla y luego salirse cuando comienzan los problemas o cuando quieren seguir adelante con sus vidas. Pero cuando dejas a la pandilla, sus miembros te tratan como enemigo. Algunas bandas simplemente te hacen caminar nuevamente la línea, y una vez que lo has hecho dejas de ser uno de sus miembros. Desgraciadamente no es tan sencillo salirse de la mayoría de las pandillas. Podrías quedar en observación porque sus miembros piensan que le dirás a la gente sus secretos. Si eres un riesgo para ellos, podrías perder la vida. Es especialmente peligroso dejar una *posse* que no quiere perder a sus miembros y que no te considera confiable.

¿Tengo que infringir la ley?

Algunas de las actividades de las pandillas son inofensivas. Sus acciones pueden estar más dirigidas hacia la rebelión en contra de sus padres que a causar daño a otros. Aún así, casi toda pandilla infringe alguna ley.

Esto puede ir desde el vandalismo al pintar graffitis con el símbolo de la pandilla hasta el robo y el asesinato.

Algunas bandas son esencialmente sociales. Sus miembros se reúnen, se apoyan entre ellos en la escuela y practican deportes en las calles. De vez en cuando, sin embargo, pueden robar un auto, fumar marijuana, beber alcohol o involucrarse en una pelea.

La actividad de algunas bandas se centra en la localización de otras bandas para pelear con ellas. A esto se llama "tronar" o *rumbling* y consiste en atacar a otras personas por diversión o como negocio. Las *posses* centran sus actividades en hacer dinero al vender drogas. Portan armas de fuego y no dudan en utilizarlas.

¿Por qué debo portar una pistola?

Noventa por ciento de los pandilleros actuales portan pistolas como protección. Tras dejar una banda, un pandillero le dijo a un reportero: "Es preferible que la policía te atrape con un arma a que tus enemigos te atrapen sin una. Tus enemigos te cortarán en pedazos en una bañera, te tirarán en basureros por toda la ciudad. Para nosotros, las armas son más importantes que las mujeres. El arma es lo que te mantiene con vida. Jamás me voy a la cama sin mi pistola. No puedo confiar en nadie".

Podría ser que nadie te obligase a portar un arma, pero aún así necesitarías un arma para sentirte seguro.

Una pistola podría ser la única seguridad que tengas como miembro de una pandilla.

¿Me haré rico?

Algunas personas piensan que los pandilleros son ricos, manejan autos de lujo y no tienen que trabajar. Sin embargo, incluso en las *posses* muy poca gente se vuelve rica. La mayoría del dinero entra por una mano y sale por la otra para conservar la ostentación y el estilo más que para vivir. Los pandilleros no viven una vida de lujos y glamour.

Traficar con drogas es un trabajo duro y peligroso. Comienza muy temprano por la mañana y termina muy tarde en la noche. Se trabaja siete días a la semana. No hay vacaciones o días por enfermedad. Siempre estás en el trabajo. Podrías tener un buscapersonas para que tus clientes te localicen en cualquier momento que deseen comprar. No eres dueño de tu tiempo.

El trabajo es extremadamente peligroso. Debes estar siempre alerta, cuidándote de la policía o de bandas rivales. Estás en constante peligro de ser asesinado. Las probabilidades de sobrevivir no son muy altas. Ni siquiera eres dueño de tu propio auto y debes compartirlo con otros traficantes.

Como miembro de una pandilla debes renunciar a tu libertad y poner tu vida en peligro. ¿Tú crees que vale la pena?

Capítulo 4

Pandillas: su historia

Los seres humanos se han organizado en grupos desde que aprendieron a caminar.

Los rituales de iniciación formaron parte de la transición de niños a hombres entre los indios americanos. Lo mismo sucedió con muchas otras tribus alrededor del mundo. De África a Australia, de Japón a Canadá, ciertos rituales han unido a las personas en grupos. Las pandillas también muestran comportamiento de grupo. En Europa cuando alguien hacía algo malo, una pandilla de niños se pintaba el rostro, iban a casa de esa persona y hacían ruido con vasijas y cacerolas. Cuando el malhechor salía de casa, lo obligaban a marchar por el pueblo. A esto se le llamaba *rough music* o música tosca.

Las pandillas utilizan con frecuencia un tipo especial de vestuario. Una forma adoptada por estas pandillas históricas era llamada *peaky blinder*. Los chicos que usaban *peaky blinders* se rasuraban la cabeza y usaban grandes gorras con viseras, una hilera de botones de cobre en sus abrigos, grandes cinturones de piel y pantalones muy amplios en la parte inferior. Estas pandillas nos recuerdan a los grupos como los punks o los cabezas rapadas (*skinheads*).

En los Estados Unidos ha habido toda clase de pandillas. En los años de la Guerra Civil, los niños dejaban su hogar para ir a trabajar. Formaron pandillas que se reunían cerca de los bares y las cantinas.

Como había muchas enfermedades, muchos niños perdieron a sus padres y no tenían lugar para vivir. Sin una familia verdadera, estos chicos se fueron reuniendo y formaron bandas. Niños y niñas desde los nueve años de edad se unían a pandillas donde el líder era un chico mayor. La pandilla vivía en un apartamento o sótano y hacía dinero de cualquier forma. Con frecuencia mendigaban, hurtaban o vendían periódicos o flores. Al final del día, cada uno le daba dinero al líder de la pandilla.

También existían grandes pandillas de chicos jóvenes. Antes de que las ciudades tuvieran un departamento de bomberos, una enorme campana sonaba cuando había un incendio. Las pandillas de toda la ciudad corrían para ver quién podía llegar primero al fuego y extinguirlo. Estas pandillas usaban vestuario estrafalario y tenían nombres como *Dead Rabbits* (Conejos Muertos), o *Bowery Boys* (Los Chicos del Bowery). Otras bandas eran conocidas como *Shirt Tails* (Faldones de Camisa), *Bloods* (Sangrientos), *Roach Guards* (Guardias de las Cucarachas), y *Old Maid's Boys* (Los Chicos de las Solteronas).

En tiempos difíciles en los que no había trabajo o dinero en las ciudades, las pandillas se unían y provocaban disturbios. Frecuentemente incendiaban edificios, que como estaban construidos de madera, propagaban el fuego causando mucho más daño de lo que causarían actualmente. Los disturbios encabezados por líderes de pandillas podían reunir a miles de personas. En ocasiones era necesaria la intervención del ejército para detener los disturbios.

Mucho tiempo más tarde, en 1920, se comenzaron a formar bandas criminales en los Estados Unidos. En aquellos días era ilegal comprar y vender licor. A esto se lo llamó Prohibición. Las bandas criminales fabricaban su propio licor y lo vendían a personas que querían beber. Las mafias pelearon guerras de pandillas para controlar el dinero de la venta ilegal de licor. Un famoso líder de la mafia era Al Capone, también conocido como *Scarface* o Cara Cortada.

En los años cincuenta hubo una famosa obra musical sobre las pandillas llamada *West Side Story*. En la obra hay dos bandas, los Jets (Élite) y los Sharks (Tiburones o Estafadores). Los Jets eran una banda anglosajona y los Sharks, puertorriqueña. Tony, un joven de los Jets se enamora de María, cuyo hermano es un Shark. Tony resulta muerto cuando trata de evitar una pelea entre las dos bandas rivales.

Como las pandillas en *West Side Story*, las pandillas en los años cincuenta estaban involucradas en crímenes de poca monta. La mayoría de sus actos violentos se dirigían hacia otras bandas por medio de disputas. Muy pocas veces se usaban armas de fuego o navajas en estas peleas. Como los Jets y los Sharks en la obra, estas pandillas se reunían alrededor de tiendas de dulces. Pasaban la mayor parte del tiempo charlando, practicando deportes, asistiendo al cine, buscando chicas o paseando en coche. En ocasiones tenían una casa club donde organizaban bailes, fumaban marijuana y bebían cerveza. Aquellos que usaban el pelo largo y alisado con vaselina eran llamados *greasers* (grasosos). Estos utilizaban chaquetas de satén de colores con sus nombres impresos en las espaldas.

En los años cincuenta, las peleas entre pandillas se originaban con frecuencia para demostrar quién tenía corazón. Para demostrar que un chico tenía corazón peleaba con otro chico. Esta acción era muy similar a la de los rituales de los hijos de los indios americanos hace muchos años. Las personas resultaban heridas con frecuencia durante estas disputas, pero muy pocos perdían la vida.

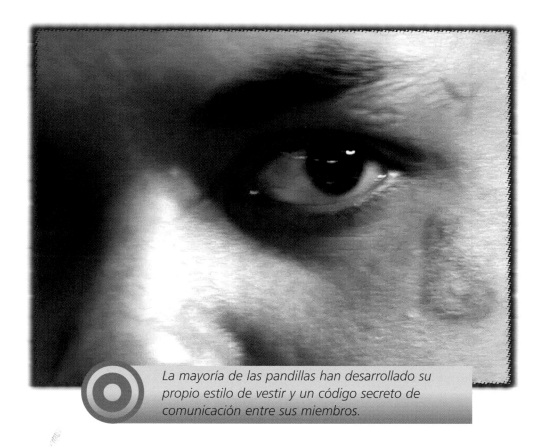

La mayoría de las pandillas han desarrollado su propio estilo de vestir y un código secreto de comunicación entre sus miembros.

Aun existen muchas pandillas juveniles como aquellas de *West Side Story*. Una diferencia es que las bandas actuales incluyen vietnamitasamericanos, chinoamericanos y mexicoamericanos, así como otros grupos étnicos. Otra diferencia importante es que en la actualidad es más probable que un pandillero tenga un arma de fuego. Ser un pandillero actualmente es mucho más peligroso.

Pero hay otra diferencia aún más importante. Actualmente existe un nuevo tipo de pandilla, las *posses* de drogas. Este tipo de pandillas trafica con drogas, desde ingresarlas ilegalmente al país, hasta venderlas en las calles. Traficar drogas significa mover grandes cantidades de dinero, y mover mucho dinero significa mayores riesgos y peligros.

Dieciséis por ciento de los pandilleros tienen menos de 15 años de edad. Éstos suelen ser utilizados como mensajeros o vigías en operaciones callejeras de tráfico de drogas. Son los miembros de la pandilla más prescindibles y los que corren un mayor riesgo de ser atrapados. Algunos jóvenes creen que ganarán mucho dinero con el que podrán ayudar a sus familias, pero no es así. Los únicos que ganan dinero son los traficantes de drogas. Los miembros jóvenes sólo son utilizados por el traficante para hacerse más rico.

Hubo épocas en que los jóvenes se unian en pandillas para demostrar su valor y hombría. Se consideraba parte del crecimiento y una forma de estar con amigos que se quedarían contigo de por vida. Pero actualmente se trata más de drogas y dinero, y de cuál es tu posición dentro de la jerarquía de la pandilla.

Capítulo 5

¿Por qué los jóvenes se unen a las pandillas?

En *West Side Story* los pandilleros cantan una canción en la que hacen burla de las diferentes ideas por las que los jóvenes se unen a las pandillas:

> Juez: El problema es que está loco.

> Psiquiatra: El problema es que bebe.

> Trabajador social: El problema es que es flojo.

> Juez: El problema es que apesta.

> Psiquiatra: El problema es que está creciendo.

> Trabajador social: El problema es que ya creció.

¿Por qué los jóvenes se unen a las pandillas?

¿Están locos los pandilleros? ¿Se unen a las bandas porque están enganchados en las drogas? ¿Provienen de familias con problemas? ¿Son simplemente unos inútiles? ¿Se debe únicamente a la pobreza? ¿Ser parte de una pandilla es algo natural que sucede cuando crecemos?

Una de las historias más famosas sobre pandillas es la novela *Oliver Twist*, escrita por Charles Dickens.

Oliver Twist vivía en Inglaterra. Cuando era muy pequeño fue a vivir a un hogar adoptivo donde lo golpeaban y prácticamente lo mataban de hambre. Un día Oliver escapó a la ciudad y se unió a una pandilla cuyo líder era un pillo llamado Fagin.

Los chicos en la pandilla de Fagin pretendían estar lisiados y mendigaban. En ocasiones también robaban. Por las noches los chicos le daban todo el dinero a Fagin. Si se quedaban con algo de dinero o trataban de escapar, Fagin los golpeaba.

Cuando Oliver se unió a la pandilla, no sabía cómo sobrevivir por sí mismo. Los otros chicos le enseñaron. Si Oliver trataba de evitar hacer algo peligroso o ilegal, lo llamaban mariquita.

Fagin era como un padre para Oliver. Se aseguraba de que Oliver tuviera comida y lo protegía de los chicos mayores. Oliver se convirtió en mendigo y ladrón. Tal y como sucedía con los otros chicos, Oliver le daba a Fagin todo lo que conseguía.

¿Por qué crees que Oliver se unió a la pandilla de Fagin? Aquí hay algunas ideas.

Problemas en el hogar

Oliver fue a vivir a un hogar adoptivo cuando era muy pequeño. Él creía que su familia verdadera no lo quería y las personas en el hogar adoptivo lo golpeaban y lo mataban de hambre. ¿Podría ser ésta una razón por la cual los jóvenes se unen a las pandillas?

En los años cincuenta mucha gente pensaba que las pandillas eran el resultado de problemas en el hogar. De acuerdo a estas ideas, los chicos se convertían en rebeldes tras haber sido golpeados por sus padres o cuando éstos eran demasiado estrictos y no les permitían tener control sobre sus propias vidas. También se pensaba que los chicos se unían a las bandas cuando creían no importarle a sus padres, o cuando éstos les daban todo lo que querían. Esto explica por qué muchos jóvenes en los suburbios forman pandillas.

Posteriormente, se comenzó a pensar que las pandillas eran el resultado de un creciente número de familias formadas por un solo padre (usualmente la madre).

Los chicos necesitan sentirse amados y aceptados por sus padres. Cuando los padres no respetan a sus hijos, abusan de ellos físicamente o los ignoran, entonces los chicos pueden buscar amor, afecto y atención en algún otro lado. Uno de los lugares en los que pueden buscar el respeto que no encuentran en el hogar es en la pandilla.

Un chico que se siente como un don nadie en su familia o en la escuela puede sentirse muy importante con sus

Trabajar de vigía en una pandilla significa estar pendiente de la policía o de los miembros de pandillas rivales durante la venta de drogas u otros negocios.

amigos cuando recibe el dinero por la venta de drogas o de un atraco. Estas actividades le dan una "rep", que es una abreviatura de reputación.

Los chicos necesitan padres atentos que sepan decir no y ponerles límites. Además necesitan aprender a diferenciar entre el bien y el mal. Los chicos pueden recibir estos patrones de sus padres.

Presión de grupo

Oliver Twist fue animado a realizar cosas malas por parte de los otros jóvenes en la pandilla de Fagin. A esto se le llama presión de grupo o presión de los compañeros. Ésta es otra razón por la cual los jóvenes se unen a pandillas.

Todos los jóvenes necesitan pertenecer a un grupo de amigos. Quizás tú te vistes de forma similar a tus amigos, usas el mismo peinado y escuchas la misma música.

La presión de los compañeros puede llevarte a hacer cosas que normalmente no harías. Una parte importante en el crecimiento es tomar riesgos. Pero la presión de tus compañeros podría obligarte a hacer cosas que pueden lastimarte a ti y a otras personas. O pueden presionarte para hacer cosas que tus padres, maestros y otros adultos te han dicho que están mal.

Muchos jóvenes ingresan a bandas o infringen la ley debido a la presión de grupo. La presión de los compañeros puede confundir a cualquiera acerca de lo que está bien y lo que está mal. Es muy difícil encararte con tus compañeros.

Los jóvenes podrían pensar, "Si no hago lo que ellos hacen, entonces podría no gustarles". Todos queremos ser aceptados y por eso es muy difícil que te preguntes "¿Si son mis amigos, por qué quieren meterme en problemas?". Es difícil decir que no.

Miseria

Otra razón común para unirse a una pandilla es la miseria. Las personas que viven en miseria son pobres y con frecuencia no pueden comprar las cosas más básicas para sobrevivir. Algunas personas que viven en pobreza, como los chicos en *Oliver Twist*, comienzan a robar para sobrevivir. Además hay familias de bajos ingresos que sólo pueden comprar lo más necesario Esto no es culpa de las familias. Como la mamá de Tomás en el capítulo 1, algunos padres no ganan suficiente dinero en sus trabajos. Otros tienen que trabajar dos turnos sólo para alimentar y vestir a su familia.

En algunos vecindarios pobres, los pandilleros son las únicas personas con dinero real. Algunos jóvenes se molestan porque no pueden tener las mismas cosas que tienen otros. Su molestia podría llevarlos a buscar otras maneras de conseguirlas. Podría llevarlos a unirse a una pandilla o a infringir la ley.

Las pandillas de motocicletas tienen un aspecto
agresivo, pero muchas de ellas son inofensivas.

Capítulo 6

Las pandillas y la ley

Con frecuencia los jóvenes infringen la ley cuando forman parte de una pandilla. A las personas que infringen la ley se les llama delincuentes.

Ésta es una lista de las diez ofensas más comunes que cometen los jóvenes:

- **Absentismo (no asistir a la escuela)**
- **Conducta incorregible (rehúsar a obedecer a los padres o maestros)**
- **Conducta inmoral o indecente**
- **Consumo de drogas o alcohol**
- **Escapar de casa**
- **Asociación con ladrones o con personas violentas o inmorales**

- Uso constante de lenguaje vulgar

- Violencia

- Estar en lugares donde se realizan actividades ilegales

- Tener un trabajo ilegal, como la venta de drogas

Ofensas relacionadas con pandillas

Los pandilleros son muy conocidos en las escuelas. Cuando algo malo sucede, al primero que se culpa es al pandillero. Los pandilleros tienen que cuidar sus 'reps', con frecuencia esto significa hacer ciertas actividades que dificultan su estancia en la escuela, o si permanecen en ella, es imposible obtener buenas notas.

Pertenecer a una banda casi siempre significa desobedecer a tus padres. Si la pandilla es primero, esto traerá problemas en casa. Los pandilleros pasean muy tarde en las noches y no respetan las horas de regreso. Algunos tienen armas y drogas en casa, poniendo en peligro a sus familias y a ellos mismos. Los pandilleros que no pueden ser controlados por sus padres se les llama incorregibles y pueden ser arrestados.

Cuando creces, es natural buscar independencia de tu familia. La mayoría de los chicos piensan que será extraordinario alejarse de las responsabilidades familiares. Unirte a una pandilla puede significar no más escuela o responsabilidades familiares. Pero también puede

Formar parte de una pandilla incrementará las posibilidades de involucrarte en una vida criminal.

significar separarte para siempre de tu familia. Además las responsabilidades en una pandilla son sin duda más difíciles y peligrosas que las familiares.

Algunos padres tienen que llamar a la policía o utilizar la violencia para controlar a sus hijos cuando éstos se han involucrado con una pandilla. Esto generalmente provoca que los pandilleros huyan de casa. Muchos de estos jóvenes se convierten en desamparados y viven en refugios. Además, unirse a una pandilla aumenta las posibilidades de quedar enganchado a drogas y alcohol.

Delincuencia juvenil

Cada estado cuenta con un sistema distinto para castigar a los criminales. De acuerdo con la NYGC más del 70 por ciento de los estados de la Unión Americana cuentan con alguna clase de legislación para las pandillas. La mayoría de estas leyes tienen que ver con crímenes relacionados con pandillas, tales como tiroteos desde automóviles, graffitis, y participación y reclutamiento. En California por ejemplo, cualquiera que pertenezca a una pandilla involucrada en actividades ilegales puede pasar de dos a tres años en una prisión estatal. Cometer un asalto de pandilla en Nueva York, con la intención de herir a alguien, se considera un delito.

Las autoridades estatales continúan diseñando nuevas leyes que combatan las actividades de las pandillas. Estas medidas han comenzado a dar resultados, y algunos reportes afirman que el número de pandillas ha disminuido con el paso de los años.

Resistir a la tentación de unirte a una pandilla te dará la oportunidad de vivir una vida larga y plena. Formar parte de una pandilla, en cambio, incrementará las posibilidades de involucrarte en una vida criminal. Muchos pandilleros terminan muertos o en la cárcel. Buscar apoyo en tu familia y amigos te ayudará a construir un futuro más exitoso y satisfactorio.

Durante los años veinte, se formaron bandas o mafias en los Estados Unidos. Al Capone, también conocido como Scarface fue un famoso líder de la mafia.

Capítulo 7

Chicas, pandillas y el papel de los sexos

Desde los años cincuenta se han dado muchos cambios en el papel de las mujeres en las pandillas. En el pasado, las chicas era vistas como simples accesorios de los pandilleros varones. Hoy, las mujeres ocupan altos puestos en pandillas dominadas por hombres o forman sus propias bandas. Un ejemplo son las *Doves* (Palomas), brazo femenino de la pandilla de los *Crips*.

Muchas chicas se unen a las pandillas por las mismas razones que los varones: apoyo, amistad y dinero. Muchas de estas chicas tienen un solo padre que trabaja dos turnos para mantener a su familia. Algunas se unen a las pandillas para huir de los abusos en casa, mientras otras lo hacen buscando amor y respeto.

Unirse a una pandilla femenina incluye un proceso de iniciación tal y como sucede en las de varones. Puede tratarse de una violenta paliza o disparar a una rival o a un inocente. Las chicas afirman que tras unirte a una pandilla tienes que seguir "cuidándote la espalda" y que sólo obtienes respeto de las pandillas que te temen. Las pandillas de mujeres pueden ser tan violentas como las de los varones.

¿Cómo tratan a las mujeres en las pandillas?

Una forma de iniciarse en una pandilla es siendo "probada sexualmente". Esto significa tener relaciones sexuales con uno o todos los hombres de la pandilla. Los riesgos de estas iniciaciones incluyen el embarazo y el contagio de una enfermedad de transmisión sexual, tal como el VIH, el virus que provoca el SIDA, además de un severo trauma psicológico.

Tradicionalmente, las pandillas de varones utilizan a las de mujeres para esconder sus armas y drogas. Muchas chicas que han dejado las pandillas se quejan de las humillaciones y actividades a las que se ven obligadas. Una chica de 16 años ha declarado que tenía que bailar con muy poca ropa sobre las mesas, hacer videos pornográficos y tener relaciones sexuales cuando se lo pidieran los varones de la pandilla. Las chicas que se embarazan pueden elegir si quieren dejar la banda. Muchas no quieren que sus hijos crezcan como pandilleros. Pero tal y como sucede con los chicos, dejar la pandilla puede ser una experiencia tan brutal como ingresar a una, y muchas les queda una cicatriz permanente, física y emocional.

Celeste tenía 15 años cuando ingresó a una pandilla.

—Mi padre había muerto y mamá trabajaba sin parar sólo para pagar la renta, —recuerda. Era difícil. Básicamente crecí en las calles.

Cuando Celeste ingresó a una pandilla de varones pensaba que obtendría respeto. Pero como parte de su iniciación Celeste fue probada sexualmente por seis hombres de la pandilla

—Cuando me dejaron, me sentía casi inconsciente —recuerda. Pero era la única forma de entrar. Pensé que no tenía otra opción.

En la pandilla, Celeste fue utilizada para mover las drogas, su trabajo era asegurarse de que la policía no encontrara su escondite.

—Ellos no me revisaban a mí porque era una chica, —recuerda.

Celeste se metió en algunas peleas con sus compañeros de pandilla y chicas de pandillas rivales.

—Estaba muy presionada. Siempre andaba en guardia, temiendo ser atacada. Las otras chicas eran como mis hermanas, pero era imposible saber si te traicionarían. Después de todo, los amigos que haces en una pandilla pueden no ser realmente tus amigos—.

Cuando Celeste tuvo una hija decidió dejar la pandilla.

—Tuve relaciones sexuales a petición de los chicos, —declara. Al final quedé embarazada y tuve una bebé. Entonces quise dejar la pandilla. No quería que mi hija creciera en ese ambiente. Pero ellos no querían que dejara la banda, y me dieron una golpiza tal que terminé en el hospital. Hoy me arrepiento del día en que tomé la decisión de unirme a una pandilla.

Expectativas de los roles sexuales

Los roles sexuales tienen diferente participación en la violencia de las pandillas. Los roles sexuales se refieren a las expectativas que tenemos de cómo se deben comportar los chicos y las chicas. Muchas peleas comienzan por estas creencias. Muchos hombres creen que las chicas son de su propiedad. Un chico puede pensar que su novia debe hacer todo lo que él le pida. Cuando algún otro chico pasa tiempo con su novia, el chico puede creer que debe pelear para demostrar quién es el jefe.

Donna y Bob fueron a comer una hamburguesa después de la escuela. Estaban sentados en una mesa hablando de un partido de fútbol y Donna estaba muy emocionada por la banda que iba a tocar después del juego.

Rich, el novio de Donna, entró al restaurante y los vio platicando. Él no conocía a Bob. De pronto

Rich estaba muy enojado.

—¿Qué se cree Donna? —pensó cuando se les acercó. Luego dijo en voz alta —¿Quién es éste chico? ¿Qué haces aquí?—.

—No te pongas celoso —dijo Donna apenada. Bob es un amigo de la escuela.

—Mentira afirmó —Rich. Eres una ramera. Has estado engañándome a mis espaldas.

—Oye, déjala en paz —dijo Bob. Te está diciendo la verdad.

Rich tomó a Bob de la camisa, —Cállate o te las verás conmigo, le dijo amenazante— .

Si Rich y Bob pertenecieran a pandillas ¿qué crees que pasaría después? Rich estaba celoso pero no tenía derecho de cuestionar a Donna, decirle con quién podía hablar o insultarla. ¿De qué otra manera podía haber manejado la situación? ¿Cómo podría haberle dicho a Donna como se sentía sin iniciar una pelea?

Algunas personas tienen problemas para comunicar sus sentimientos. Muchos chicos han crecido creyendo que los hombres no deben revelar sus sentimientos cuando han sido heridos. Por eso utilizan la ira para esconder sus sentimientos. Prefieren pelear aunque sientan miedo o puedan resultar lastimados antes que admitir que han sido heridos emocionalmente.

Capítulo 8

Los Ángeles Guardianes: una pandilla diferente

En su mayoría son hombres, y la mayor parte afroamericanos o hispanos. Siempre viajan en grupos. Pasean en el subterráneo y merodean las calles por la noche. Utilizan sus colores y están constantemente en busca de problemas. ¿Una típica banda esperando hacer presa de gente inocente? No. La política de esta pandilla es proteger a la gente. Por eso se llaman a sí mismos los Ángeles Guardianes, una de las pandillas más conocidas en los Estados Unidos.

Curtis Sliwa y los Ángeles Guardianes

Curtis Sliwa posee el don del liderazgo. Cuando se propone algo, no descansa hasta conseguirlo. Cuando Curtis tenía quince años, decidió iniciar una campaña de limpieza en Brooklyn. Enseguida tenía cinco toneladas de basura en su jardín. El siguiente año, entró a una casa en llamas y ayudó a rescatar a siete personas.

Muy pronto Curtis Sliwa era conocido en todo Nueva York. Entonces sucedió algo que cambiaría su vida. Su escuela exigió nuevos requisitos en el vestuario. Cuando se unió a la protesta en contra de estas exigencias, Curtis fue expulsado.

Al poco tiempo, Curtis fue nombrado asistente del gerente en un McDonalds del Bronx. Curtis sabía karate y parte de su trabajo era conservar la paz en el restaurante. Muy pronto había organizado un grupo de sesenta y tres estudiantes en una brigada para limpiar el vecindario. Después decidió hacerse cargo del crimen. ¿Por qué no organizar una pandilla? Curtis pensó. ¡Una pandilla anticrimen!

Primero decidió que sus miembros deberían utilizar boinas rojas y camisetas blancas porque los chicos que se unieran a la banda no tendrían dinero para comprar costosas chaquetas.

El crecimiento de los Ángeles Guardianes

Al inicio Curtis sólo consiguió que se unieran doce personas. Decidieron llamarse los 13 Magníficos. Para pertenecer al grupo debías estar en la escuela o tener

Curtis Sliwa comenzó su pandilla "Los Ángeles Guardianes" como una forma de ayudar a proteger las ciudades del crimen.

un trabajo. Muy pronto el grupo tenía 48 miembros incluyendo chino americanos, hispanos, afroamericanos y blancos.

Los miembros comenzaron a viajar en la *"muggers' express"* una línea del metro de Nueva York en la que había más asaltos que en cualquier otra. Entonces comenzaron a evitar el crimen. La situación se hizo más segura simplemente porque los Ángeles Guardianes estaban ahí. Para 1980, el grupo tenía más de 700 miembros, incluidas muchas mujeres.

Muy pronto, gente de otras ciudades quería a los Ángeles Guardianes en sus comunidades. Curtis ya no podía manejar la pandilla por sí solo. Necesitaba a un segundo al mando. La elegida fue Lisa Evers. Lisa era de Chicago, sabía karate y era tan valiente como Curtis. En 1981 se convirtió en la directora nacional de los Ángeles Guardianes. Su primer trabajo fue organizar un grupo en Atlanta. Muy pronto había pandillas de Ángeles Guardianes patrullando peligrosos vecindarios en casi todas las grandes ciudades de los Estados Unidos.

Los Ángeles Guardianes deben ser tomados como modelos para sus comunidades. No se puede ingresar a la pandilla si se tiene récord criminal y al ser aceptado se debe pasar por un periodo de tres meses de entrenamiento. Sus miembros son registrados para asegurarse de que no portan armas o drogas.

Actualmente los Ángeles Guardianes siguen teniendo una fuerte presencia y recientemente celebraron 20 años de proteger nuestras comunidades.

Capítulo 9

Otra forma de combatir

Desde que se tiene memoria los jóvenes han formado pandillas. La sociedad ha tratado de evitarlas de muchas maneras. Por ejemplo, se han impuesto leyes en contra de muchas de las cosas que los chicos hacían en las pandillas, tales como beber cerveza o faltar a la escuela. Los chicos que no tenían donde vivir eran enviados a vivir con familias en el campo. Esto se hacía con la idea de que un chico que había vivido en las calles dejaría de causar problemas si se mudaba a una granja.

También se intentó obligar a los chicos a asistir a la escuela hasta la edad de 16 años. En los años cincuenta mucha gente trató de eliminar las pandillas al darle a los jóvenes más oportunidades para participar en deportes y otras actividades.

Pero ninguno de estos enfoques evitó que los jóvenes se unieran a pandillas. Mientras las causas, presión de grupo, miseria y abuso, sigan existiendo, los chicos seguirán formando pandillas.

Nuevos problemas se enfrentan con las pandillas actuales, tales como la pandilla violenta y las *posses* de drogas. Se necesitan nuevas formas para combatir a estas bandas.

Detener a las pandillas juveniles

Una manera de detener las bandas de drogas es organizándote con tus vecinos.

En Detroit, uno de los hijos de Clementine Barfield fue asesinado por un miembro de una pandilla. Cuando le dispararon a otro de sus hijos y estuvo a punto de morir, Clementine decidió hacer algo al respecto. Llamó a otras familias que habían perdido a sus hijos en actos violentos y decidieron formar un grupo para detener la violencia de las pandillas. Lo llamaron SO SAD cuyas siglas significan *Save Our Sons And Daughters* (Salven a nuestros hijos). Cuando los padres en otras ciudades escucharon lo que Clementine había hecho en Detroit, comenzaron otros grupos como SO SAD.

Richard y Deborah Dozier viven en New Haven, Connecticut. En su vecindario hay una *crackhouse*, un lugar donde se vende *crack*, una clase de cocaína. Los Dozier le dijeron a varios traficantes de drogas que se fueran de su vecindario. Poco tiempo después, la policía hizo una redada en la *crackhouse*. Los traficantes culparon a los Dozier y lanzaron una bomba de fuego a su casa. Afortunadamente los Dozier pudieron controlar el fuego antes de que alguien resultara lastimado. Pero estaban muy molestos. Miembros de su iglesia se manifestaron en su apoyo. En toda la ciudad se realizaron marchas y reuniones en contra de las drogas.

Establecer formas de vigilancia del vecindario es otra manera de combatir a las pandillas. No hay suficientes policías para vigilar cada calle todo el tiempo. Por eso los vecinos deben cuidarse unos a otros, turnarse para vigilar y si ven que algo sospechoso está sucediendo, llamar a la policía. La policía hace arreglos especiales con los grupos de vigilancia en los vecindarios, proporcionándoles un número de teléfono específico para emergencias y calcomanías para sus ventanas.

Otro lugar para combatir a las pandillas es la escuela. Un hombre llamado Joe Clark fue nombrado director de la escuela *East Side High* en Nueva Jersey, considerada una de las peores escuelas en los Estados Unidos. Cuando Clark asumió el puesto, había graffitis en las paredes y los maestros tenían miedo. Los pandilleros merodeaban los salones golpeando a los estudiantes y vendiendo drogas abiertamente. Clark actuó rápidamente. Contrató a doce corpulentos guardias de seguridad. Luego expulsó a todos los traficantes de droga y pandilleros. Colocó candados y cadenas en las puertas de la escuela para mantener alejados a los bravucones. Finalmente, aplicó un uniforme escolar para que los alumnos no vistieran los colores de alguna pandilla. Las calificaciones mejoraron muy pronto, y los alumnos y maestros dejaron de tener miedo. En 1989 se hizo una película llamada *Lean On Me* acerca de Joe Clark y la escuela East Side High.

Otra manera de prevenir la violencia es aprendiendo formas pacíficas de solucionar conflictos. Hace dos años en Fulton County, Georgia, el Consejo de Educación decidió combinar seis escuelas en tres. Se invirtió mucho tiempo hablando con los padres y los maestros acerca del cambio. Pero nadie habló con los estudiantes. Cuando comenzaron las clases, hubo muchas peleas entre las pandillas de las distintas escuelas. Muchos chicos fueron suspendidos, en eventos atléticos surgieron disparos, y en una de las escuelas se tuvieron que suspender todos los bailes durante un año.

Afortunadamente no todos los alumnos deseaban la violencia. Así se formó una campaña llamada "Detener la violencia". Los líderes de cada una de las escuelas se reunían cada dos semanas en uno de los planteles para hablar de la situación. En la primera reunión todos tenían temor de que surgiera alguna pelea. Las pandillas de una escuela culpaban a las de otra por iniciar la violencia.

Como no pudieron ponerse de acuerdo, pidieron ayuda a un locutor de un programa de entrevistas. Juntos elaboraron un plan y aprendieron formas pacíficas de resolver sus conflictos. Los estudiantes de secundaria visitaron a estudiantes más pequeños para entrenarlos en resolver conflictos sin utilizar violencia.

¿Qué decidió Tomás?

¿Te acuerdas de Tomás? Él tenía que decidir si ingresaría o no a la Legión de la Muerte. La promesa de amigos y dinero le llamaban mucho la atención. Pero cuando tomó aquella pistola le asustó la posibilidad de violencia. Él no podía arriesgarse a poner en peligro su vida y la de su familia. Tomás le dijo no a la pandilla y le regresó el dinero a Rick. Tomás estaba decidido a mejorar su vida, sin la ayuda de una pandilla.

Glosario

alianza Pacto. Cuando personas o grupos deciden hacer algo juntos.

buscapersonas Aparato localizador. *Pager.*

compañero Un amigo o colega. Alguien que es como tú y cuya opinión es importante.

crackhouse Lugar donde se vende o consume *crack*, una forma de cocaína.

emblema Signo o símbolo. Algo que usas para mostrar que perteneces a un grupo particular.

iniciación Lo que debes hacer para pertenecer a un grupo o pandilla.

inmigrantes Personas que se han mudado recientemente desde otro país.

posse Una clase especial de pandilla, generalmente pequeña que hace dinero por la venta de drogas.

reputación "Rep". Lo que otros piensan de ti.

territorio El lugar que defiendes. Tu barrio o vecindario.

Dónde obtener ayuda

Recursos locales

- Personal de la escuela, incluyendo maestros, consejeros, trabajadores sociales, psicólogos, enfermeras y directores.
- Oficiales de policía.
- Miembros del clero.
- Centros de crisis.
- Albergues para abusos familiares.
- YWCA, YMCA.
- Departamento de servicios sociales.
- 911, Emergencia.

También puedes llamar a éstos números o encontrar información en la Internet.

Child Abuse Hotline
Línea de Ayuda para el Abuso Infantil
1 800 222-8000

Childhelp USA
Ayuda a jóvenes USA
1 800 522-5353
Web site: http://www.childhelpusa.org

Línea de ayuda para adolescentes desaparecidos
En español 1 800- 222-3463

Línea de ayuda para la violencia
En español 1 800 942-6908 / 1 800 621 HOPE

National Center for Missing and Exploited Children
Centro Nacional para menores desaparecidos y explotados
En español 1 800 843-5678

National Youth Gang Center
Centro Nacional de Pandillas Juveniles
P.O. Box 12729
Tallahassee, FL 32317
(850) 385-0600
Web site: http://www.iir.com/nygc/

National Runaway Switchboard
Línea de ayuda para fugitivos
1 800 621-4000
Web site: http://www.nrscrisisline.org

Sugerencias de lectura

En español:
Kreiner, Anna. *Todo lo que necesitas saber sobre la violencia en la escuela.* New York: The Rosen Publishing Group, Inc., Editorial Buenas Letras, 2003.

En inglés:
Atkin, S. Beth. *Voices from the Street: Young Former Gang Members Tell Their Stories.* New York: Little, Brown and Co., 1996.

Ewing, Lynne. *Drive By.* New York: HarperCollins, 1998.

Goldstein, Arnold P., and Donald W. Kodluboy. *Gangs in Schools: Signs, Symbols, and Solutions.* Champaign, IL: Research Press, 1998.

McGlynn, Edward M., and Richard Hatcher. *Gangs and Guns, Drugs and Death.* Notre Dame, IN: University of Notre Dame Press, 1998.

Sikes, Gini. *8-Ball Chicks: A Year in the Violent World of Girl Gangsters.* New York: Doubleday, 1998.

Índice

Índice

Acerca del autor

Evan Stark es un conocido sociólogo, educador y terapeuta, así como un popular conferencista sobre temas de la salud en la infancia y la mujer. El Dr. Stark obtuvo la beca Henry Rutgers en la Universidad Rutgers y fue asociado de la Institution for Social and Policy Studies en la Universidad de Yale y de la beca Fulbright en la Universidad de Essex. Es autor de diversas publicaciones en el campo de las relaciones familiares y es padre de cuatro hijos.

Créditos fotográficos

Cover © Pictor; pp. 2, 11, 16, 18 © IndexStock; pp. 7, 22, 30, 35, 38, 41, 51 © AP/Wide World Photos; p. 43 © Hulton/Archive/Getty Images.

Diseño

Nelson Sá